성경은 과연 신비의 책인가?

새생면 전도/교육 소책자 시리즈 10

성경은 과연 신비의 책일까?

초   판 I 제 1쇄 2007.08.20
개정증보판 I 제 1쇄 2012.06.15

지은이 I 정성민
펴낸이 I 정성민
펴낸곳 I 푸른초장

등록번호 I 제387-2005-00011호(2005년 5월 17일)
소재지 I 경기 파주시 광탄면 분수리 350-3번지
TEL 031) 947-9753 (푸른초장), 010-6233-1545
출판유통 I 하늘유통 031) 947-7777, FAX 031) 947-9753
인쇄처 I 예원

책값은 뒤표지에 있습니다.
ISBN 978-89-92817-45-5   03230

독자의 의견을 기다립니다.
sungjeong@hotmail.com

성경은 과연 신비의 책일까?

IS THE BIBLE REALLY THE BOOK OF MYSTERY?

제 1 부: 성경은 과연 신비의 책일까?

제 2 부: 교회란 무엇인가?

새로운 신자를 위한 전도와 교육을 위해 새생명전도 10단계 시리즈를 출간하지 벌써 5년이 되었습니다. 그동안 많은 목회자를 통해서 이 책이 새신자의 전도와 교육을 위해서 유용하게 사용되어지고 있다는 소식을 접하였습니다. 정말 이 책을 사용하여 주시는 하나님께 감사할 따름입니다.

본래 비신자들에게 복음을 전하기 위해 쓰여 진 [예수! 그가 다가온다]와 초신자들에게 기독교 신앙을 쉽게 설명해주기 위해 쓰여 진 [예수! 그를 만나다]를 통합하면서 새신자전도와 교육을 위한 10단계 시리즈를 만들게 되었습니다. 각각 주제에 맞는 부분들을 두 권의 책에서 뽑아서 10권의 소책자를 아래와 같이 구성하게 되었습니다.

시리즈 01. 창조일까? 진화일까?

시리즈 02. 기적일까? 우연일까?

시리즈 03. 과연 천국은 존재할까?

시리즈 04. 하나님은 살아계신데 세상은 왜 이렇게 악한 것일까?

시리즈 05. 어느 종교가 진짜일까?

시리즈 06. 착하게 살아도 천국에 들어가지 못할까?

시리즈 07. 과연 하나님은 존재할까?

시리즈 08. 예수! 그는 과연 누구일까?

시리즈 09. 당신의 구원은 이미 정해졌을까?

시리즈 10. 성경은 과연 신비의 책일까?

많은 분들이 인터넷 서점 독서평을 통해서 말씀해주신 대로 이 소책자 시리즈는 비신자들이 지니고 있는 기독교에 대한 의구심을 객관적으로 설명하였습니다. 또한 각각의 주제를 소책자 분량으로 편집하여 책을 읽는 즐거움을 더하였습니다.

이 소책자 시리즈는 신앙의 기초가 약한 성도들에게도 체계적인 교리를 가르쳐주기에 새신자들을 위한 성경공부 안내서가 될 것입니다. 다음으로 다양한 주제를 다루고 있기에 비신자들의 진리에 대한 갈망을 해소 시켜줄 수 있습니다. 그래서 태신자 전도, 오이코스 관계전도, 그리고 알파코스와 같은 전도를 위한 다양한 프로그램이나 세미나에 유용한 책자가 될 수 있습니다. 아니면 대학부나 청년부 성경공부 교재로도 쓰일 수도 있음을 기억해주시길 바랍니다.

독자들의 이해를 돕기 위해 인터넷 서점 인터파크에 올려 진 소책자에 대한 서평 하나를 소개해드립니다.

이 책은 소책자입니다. 크기도 작습니다. 분량이 적습니다. 그래서 아마 읽기 전에는 내용이 얕거나 부실 할 것으로 생각이 될 겁니다. 그러나 예상과 달리 내용은 상당히 좋습니다. 깔끔합니다. 핵심만 분명히 전합니다. 이 책(소책자 시리즈 4권)에서는 악의 문제를 잘 다루고 있습니다. 악의 문제에 대해 간결하게 핵심만 다룹니다. 그와 관련된 의심을 명쾌히 정리하고, 답변 해 줍니다. 시리즈의 제목은 '새생명 전도 시리즈' 라서 내용이 새신자 수준에 맞춰져 있을 것이라 예상 될 겁니다. 그러나 시리즈명과는 어울리지 않게 내용이 꽤 심도 있습니다. 그렇다고 많이 깊어서 이해하기 어려운 건 아닙니다. 너무 얕지도 않고 딱 좋습니다. 그래서 새신자는 물론 기존 신자도 읽으면 좋습니다. 악의 문제에 대해서 다른 책을 볼 필요 없이 이 책 한 권으로 기본적인 정리를 할 수 있을 것입니다. [인터파크 서평 중에서]

본 새신자전도 및 교육을 위한 10단계 시리즈는 새생명전도 10단계 시리즈의 개정증보판입니다. 이 개정증보판은 전체적인 내용이 원판과 거의 동일합니다. 하지만 설명이 더 필요한 곳에 좀 더 내용을 보강하였고, 각 권의 마지막 부분에 필요에 따라 부록을 첨부하였습니다. 각 권의 주제와 연관된 방송원고, 설교, 신학적인 글을 추가한 것입니다. 혹시 부록이 부담스럽거나 이해하기가 힘든 분들은 그냥 읽지 말고 넘어가시어도 좋습니다. 본 개정증보판은 책 표지와 내지의 디자인을 새롭게 구성하였습니다.

바라는 것은 이 소책자 시리즈가 한국교회의 부흥과 성숙을 위해 크게 쓰임 받는 것입니다. 마지막으로 이 모든 것을 허락해주신 풍성한 은혜의 하나님께 영광을 올립니다.

"깊도다 하나님의 지혜와 지식의 풍성함이여, 그의 판단은 헤아리지 못할 것이며 그의 길은 찾지 못할 것이로다.... 이는 만물이 주에게서 나오고 주로 말미암고 주에게로 돌아감이라 그에게 영광이 세세에 있을지어다. 아멘." (로마서 11:33, 36)

2012년 3월 20일
저자 정성민 교수

CONTENTS

차　례

제 1 부　성경은 과연 신비의 책일까?　　　　　13

성경은 황당한 책?!

성경의 내용과 권위

역사와 인생의 임상실험을 마친 성경의 능력

제 2 부　교회란 무엇인가?　　　　　43

교회의 본질은 무엇인가?

교회의 특성은 무엇인가?

교회의 기능은 무엇인가?

나의 사랑, 나의 고민인 교회

성도들은 교회를 사랑해야 합니다.

부　록　세상을 어떻게 바꿀 수 있는가?　　　　　48

1 Is the Bible Really the Book of Mystery?

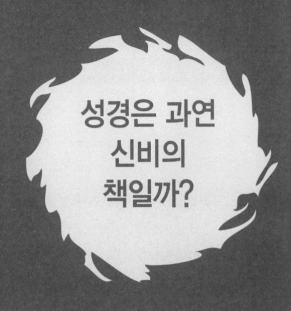

성경은 과연
신비의
책일까?

성경은 황당한 책?!

성경의 내용과 권위

역사와 인생의 임상실험을 마친 성경의 능력

성경은 황당한 책?!

사람들은 성경을 읽으면서 성경의 진실성에 대해 의심을 합니다. 사실 이러한 의심은 어쩌면 정상적인 반응입니다. 성경에 소개되는 초자연적인 사건들은 이런 의심을 불러일으키기에 충분합니다.

성경은 창세기 1장 1절에 "태초에 하나님께서 하늘과 땅을 창조하셨습니다."는 말씀으로 시작합니다. 그 뒤로 홍해바다가 갈라지는 기적, 하늘에서 만나와 메추라기를 내려 이스라엘 백성을 먹이시는 사건, 태양을 멈추게 하여 여호수아의 기도에 응답하신 사건, 빈병에 기름이 떨어지지 않은 사건, 예수님이 처녀 마리아의 몸에 성령으로 잉태된 사건, 예수께서 보리떡 다섯 개와 물고기 두 마리로 오천 명을 먹이신 사건, 바다 위를 걸어가신 예수님, 그 분이 죽음에서 부활하시고 하늘로 올라가신 사건, 그리고 마지막으로 요한계시록에 예고된 예수님의 재림을 읽고 나면 정말 현기증이 나지 않을 수 없습니다.

불신자들은 이 많은 초자연적인 사건들을 접하고 나서 이렇게 말하겠지요. "어떻게 기독교인들은 이런 황당한 사건들을 무조건 믿을 수 있을까? 정말 무식한 사람들이군!"

그런데 이상한 것은 똑똑하고 논리적인 과학자나, 교수, 철학자들이 그런 거짓말 같은 기적들을 믿는다는 것입니다. "도대체 성경이 무엇이기에 사람을 끄는 것일까?, 내가 알지 못하는 그 무엇인가가 성경 안에 있는 것이 아닐까?"하며 성경을 뒤적거려 보지요. 그러나 많은 사람들은 '아무리 생각해도 기독교인들은 정말 정신이 나간 사람들이야'라고 성경을 덮어 버리고 기독교 신앙에 대해 단념하고 맙니다. 이렇듯 사람들이 성경을 의심하는 것은 전혀 놀랄만한 일이 아닙니다. 그것은 현재 독실한 기독교인들도 경험했던 자연스러운 과정입니다.

어거스틴(A.D. 354-430)은 신학, 철학, 문학, 법률에 이르기까지 세계적인 영향력을 끼친 로마 말기 서방교회의 교부입니다. 어거스틴이 기독교로 개종할 때에 가장 문제가 된 것이 바로 성경이었습니다. 그의 눈에 비친 성경은 비철학적이고 야만적인 언어로 가득 차 있었습니다. 그는 예수를 믿는 신앙의 전제가 되는 성경의 권위를 인정할 수 없었습니다.

그러던 어느 날 어거스틴은 바울이 쓴 로마서를 읽으면서 최후의 일격을 받았습니다. "낮에 활동하는 사람처럼 단정히 행동합시다. 난잡한 유흥을 즐기지 말고, 술 취하지 마십시오. 성적으로 문란하거나 퇴폐적인 생활을 버리십시오. 다투지 말고 질투하지 마십시오. 주 예수 그리스도로 옷 입으십시오. 죄의 본성이 바라는 정욕을 만족시키는 생각을 하지 마십시오." (롬 13: 13-14)의 말씀을 읽던 중 하나님의 음성을 듣게 되었습니다. 이 사건 이후로 그는 성경이 그에게 말씀하신 그대로의 놀라운 삶을 살기 시작했습니다. 참으로 신비한 일입니다.

성경의 내용과 권위

첫째, 성경은 성도의 신앙과 삶의 기준입니다.

오늘날 기독교회는 구약 39권과 신약 27권, 총 66권을 경전으로 삼고 있습니다. 경전이란 사물의 길이를 재는 잣대를 의미합니다. 즉 성경은 진리를 잴 수 있는 기준이며, 규범입니다. 그러나 성경은 하늘에서 뚝 떨어진 것이 아닙니다. 수천 년을 걸쳐서 성령의 영감을 받은 사람들에 의해 형성되었습니다.

성경의 저자들은 왕, 제사장, 정치가, 학자, 선지자, 농부, 어부, 세리, 의사, 천막을 만드는 장인 등으로 매우 다양합니다. 이들은 성령의 감동과 인도하심을 받아 성경을 기록했습니다. 하나님의 영인 성령은 그들로 하여금 하나님의 음성을 듣게 하셨습니다. 보고 들은 것을 기억나게 하시고 깨닫게 하셨습니다. 적절한 말을 사용하여 성경의 내용을 기록할 수 있도록 도우셨습니다. 이를 위해 성령은 그들 개인의 환경, 경험, 성격, 교육 등 모든 조건들을 최대로 활용하셨습니다. 동시에 조금도 거짓되거나 틀린 말이 들어가지 않도록 간섭하셨습니다.

성경의 내용 가운데는 하나님을 기쁘시게 하는 방법, 하나님의 자녀가 되는 방법, 영원히 살 수 있는 방법 등 신앙적인 내용들이 들어 있습니다. 동시에 존경을 받는 비결, 성공하는 비결, 건강하게 장수하는 비결, 부자가 되는 비결, 지혜롭게 정치하는 비결, 전쟁에서 승리하는 비결, 남에게 사랑받는 비결, 구제하는 방법, 어려움과 고난을 이겨내는 비결, 항상 기쁘고 행복하게 사는 비결 등 세상에서 성공적인 삶을 살 수 있는 방법들이 다양하게 제시되어 있습니다.

그런데 놀라운 사실이 하나 있습니다. 시대와 문화를 초월한 다양한 저자들이 성경을 저술했음에도 불구하고 성경 전체는 단 한 하나의 주제인 예수 그리스도의 오심에 관한 예언과 성취로 맞춰져 있습니다. 이것이 바로 성경의 다양성과 통일성입니다. 따라서 예수 그리스도를 떠난 구약 성서의 이해는 의미가 없습니다. 예수를 떠난 성령의 신비한 은사나 예언도 아무런 가치가 없습니다. 기독교 생활의 기준이 성경이라면, 다양한 성경의 내용과 주제들의 기준은 바로 예수 그리스도이십니다.

둘째, 성경은 예수 그리스도를 증거 합니다.

성경은 창조부터 미래의 종말에 이르기까지 세상 속에서 이루어지는 하나님의 활동에 관한 이야기를 말해줍니다. 성경의 핵심은 예수 그리스도를 통하여 하나님의 사랑이 인간들에게 어떻게 나타났는지를 보여주는 것입니다.

"이와 같이 하나님께서는 세상을 사랑하여 독생자를 주셨다. 이는 누구든지 그의 아들을 믿는 사람은 멸망하지 않고 영생을 얻게 하려 하심이다. 하나님께서는 세상을 심판하시기 위해 그의 아들을 세상에 보내신 것이 아니라, 자기 아들을 통하여 세상을 구원하시기 위해 아들을 보내신 것이다." (요 3:16-17)

성경 안에 기록된 기적들과 사건들은 하나님의 약속입니다. 그리고 하나님의 약속은 예수 그리스도를 통해 성취되었습니다. 성경 66권 전체의 다양한 내용과 사건들은 예수 그리스도를 향해 있습니다. 이것이 바로 앞에서 다뤘던 성경의 통일성입니다. 예수 그리스도를 통해서 인류를 죄에서 구원하시고자 하는 하나님의 선하신 뜻과 사랑이 성경 전체에 흐르고 있습니다. 그러므로 우리는 예수 그리스도의 십자가를 통해 구약의 모든 사건과 말씀을 해석해야 합니다.

요나가 사흘 동안 고기 뱃속에 있었던 사건을 그리스도가 사흘 동안 무덤 안에 있어야 하는 사건으로 해석합니다. (마 12:40) 또한 시편과 모든 예언의 말씀들도 예수 그리스도 중심으로 해석해야 합니다. 대표적으로 이사야 53장은 예수 그리스도의 십자가의 고난을 가장 명확하게 예언한 것으로 유명한 장입니다.

셋째, 성경은 유일한 책입니다.

세상에는 수없이 많은 책들이 있습니다. 모든 책 속에는 저자의 말이 담겨져 있지요. 그러나 성경은 사람의 말이 아니라 하나님의 말씀을 기록한 책입니다. 성경을 통해 살아계신 하나님이 직접 말씀하고 계십니다. 성경을 읽는 사람들은 하나님의 음성을 듣습니다. 그 어떤 책도 성경과 비교될 수 없습니다. 성경은 비교 불가능한 유일한 책이며 이 세상에서 가장 권위 있는 책입니다. 사람들이 아무리 애써서 성경의 권위를 무너뜨리려고 해도 성경의 권위는 절대 흔들리지 않습니다. 성경은 살아있는 책이기 때문입니다.

현재 매년마다 6억 권 정도의 성경이 보급되고 있습니다. 지난 수백 년 동안 세계 최고의 베스트셀러인 성경에 필적할 만한 책이 세상에는 한 권도 없습니다. 성경은 또한 가장 많은 언어로 번역된 기적의 책입니다. 현재 세계 인구의 97%가 자기 나라 말로 된 성경을 갖고 있습니다. 그리고 나머지 3%에 해당하는 미전도 부족들을 위해 3000여개의 서로 다른 언어로 성경이 계속해서 번역되고 있습니다. 성경은 과거 어느 때보다도 놀라운 위력을 갖고 세계를 지배하고 있습니다. 우리는 하나님의 말씀인 성경이 갖고 있는 이 놀라운 권위 앞에 무릎을 꿇을 수밖에 없습니다. 그 누구도 성경의 권위를 막을 수 없습니다.

요한 웨슬리는 성경을 신앙과 생활의 유일한 잣대로 간주하였습니다. 그에게 있어서 성경은 기록된 하나님의 말씀이며, 신앙과 삶에서 궁극적인 잣대이며 권위였습니다. 또한 성경은 하나님의 뜻을 분별하는 시금석이었습니다. 그는 성경에 대해 일기장에 다음과 같이 기록하였습니다. "나의 근거는 성경이다. 그렇다. 나는 성경에 미친 사람이다. 나는 크고 작은 일을 막론하고 모든 일에 성경을 따른다." 그는 썩어져가는 영국을 예수 그리스도에게로 인도하였고, 영국은 요한 웨슬리가 선포한 하나님의 말씀으로 인해 놀랍게 변화되었습니다. 영국의 변화에는 정치인들의 탁월한 정책 이전에 성경이 있었습니다.

넷째, 하나님은 성경(聖經)을 통해 말씀하십니다.

성경은 기독교 신앙의 토대이자 근거입니다. 구약은 여호와 하나님이 이스라엘 백성에게 역사하신 사건을 증언한 기록입니다. 반면 신약은 인간을 직접 찾아오신 하나님, 바로 예수 그리스도에 대한 기록입니다.

"하나님의 말씀은 살아있고 힘이 있습니다. 양쪽에 날이 선 칼보다도 더 날카로워서 우리의 혼과 영과 관절과 골수를 쪼개며, 마음속에 있는 생각과 감정까지 알아냅니다." (히 4:12)

살아있는 하나님의 말씀이 우리 안에 들어와 마음의 생각과 뜻을 감찰하십니다. 성경은 영혼의 양식이 되어 우리를 살립니다.

그러므로 매일 시간을 정해서 성경을 읽어야 합니다. 성경공부에 참여해야 합니다. 믿음을 가지고 주일 설교 말씀을 경청해야 합니다. 어느 순간에 성령께서 말씀을 통해서 역사하시면 여러분의 영혼이 눈을 뜨게 될 것입니다.

역사와 인생의 임상실험을 마친 성경의 능력

마틴 루터와 성경

마틴 루터는 에르푸르트의 수도원 시절부터 '구원'의 문제에 관해서 깊이 사색하며 기도했습니다. 때로는 금식과 고행도 하며 고민하고 씨름했습니다. 인간이 선행을 하고 공적을 쌓는 것으로 하나님 앞에서 구원받을 '권리'를 주장할 수 있을까? 인간이 아무리 공적을 쌓는다고 해도 하나님께서 보시기에 그것은 너무도 보잘 것 없고 미미한 것 아닐까? 루터는 인간의 선행과 공적만으로는 결코 구원에 이를 수 없다고 확신했습니다.

더구나 인간은 원죄 가운데 태어났으므로 인간들이 행하는 선행까지도 인간의 죄악으로 오염될 수 있다고 보았습니다.

그러면 인간은 어떻게 구원을 받을 수 있을까? 밤낮으로 고민하던 루터에게 성경말씀 한 구절이 마치 하늘의 계시처럼 들려왔습니다. "의인은 믿음으로 인하여 살 것이다."(롬 1:17). 루터는 이 한 마디의 성경말씀에서 그가 그토록 고민했던 해답을 얻었습니다. 인간이 구원에 이르는 길은 오직 '믿음'뿐이며 인간의 구원은 우리를 용서하시고 용납해주시는 하나님의 '은혜'의 선물이라는 것이었습니다. 이것은 당시 가톨릭교회의 일반적인 가르침과는 거리가 먼 것이었습니다. 그러나 루터에게는 소경이 눈을 떠서 밝은 빛을 보듯, 구원의 진정한 의미를 깨닫고 신앙의 새로운 세계가 열리는 은총의 순간이었습니다. 결국 루터는 성경을 통해 변화되었습니다. 결국 그는 1517년 면죄부를 팔면서 예수 그리스도를 경시한 중세 가톨릭교회의 개혁을 시도하여 종교개혁의 선구자가 되었습니다.

요한 웨슬리와 성경

18세기의 영국은 정치, 사회, 문화, 종교를 포함한 총체적 위기에 있었습니다. 프랑스와 같이 유혈혁명이 일어날 것 같은 분위기였습니다. 1700-1760년은 영국역사 속에서 가장 어두운 암흑의 시기였습니다. 이러한 영국을 예수 그리스도의 복음으로 구원하여 오늘날과 같은 민주주의의 나라, 신사의 나라로 새롭게 탄생시킨 사람이 바로 요한 웨슬리(A.D.1703-1791)입니다.

1735년 10월 18일 존 웨슬리는 오글레돕 장군과 함께 220톤의 "시몬즈"호를 타고 미국선교를 떠났습니다. 그러나 조지아(Georgia) 선교는 실패로 끝나게 되고 1738년 2월 1일 본국에 돌아왔습니다. 이런 좌절 가운데 있던 웨슬리를 성령께서 만져주셨습니다. 1738년 5월 24일 웨슬리는 런던의 올더스게잇(Aldersgate)가에서 열린 한 저녁 집회에 참석했습니다. 그는 루터의 로마서 서문을 읽는 것을 듣던 중 8시 45분경에 '마음이 이상하게 뜨거워지는' 체험을 하게 됩니다. 웨슬리는 하나님께서 예수 그리스도를 통해 자신의 모든 죄를 사해주셨다는 구원의 확신을 갖게 되었습니다. 항상 읽던 똑같은 성경이었지만 5월 24일 밤만은 달랐습니다. 성경 말씀을 통해 예수님을 만났습니다. 성령이 그의 마음을 뜨겁게 하고 그의 눈을 열어주셨습니다. 이 사건은 위기의 영국을 구하고 영적인 침체에 빠진

나라를 대 부흥으로 이끈 출발점이며 원동력이 되었습니다. 성경의 말씀으로 변화된 웨슬리는 "오직 한 책의 사람이 되게 하소서!"라는 유명한 말을 남겼습니다.

윌리스와 성경

　미국의 정치가이자 군인인 윌리스는 어려서부터 불신자였고 장성하여 철저한 무신론자가 되었습니다. 그는 기독교를 공격하기 위해 성경을 읽기 시작했습니다. 성경의 잘못되고 거짓된 부분을 찾기 위하여 열심히 성경을 읽어 나가는 동안 그의 마음속에 놀라운 변화가 일어나기 시작했습니다. 말씀 속에 존재하는 하나님의 능력이 그의 마음을 녹이기 시작했습니다. 마침내 그는 자신이 죄인임을 발견했으며, 예수님께서 모든 사람의 죄를 대신해 십자가를 지셨다는 사실을 깨닫게 되었습니다. 예수님의 크고 놀라우신 사랑과 용서와, 영생을 허락하시는 은혜를 깨달은 윌리스는 성경을 비판하려던 붓을 내려놓았습니다. 그 대신 하나님의 영감으로 기록된 성경을 토대로 소설을 쓰기 시작하였습니다. 그것이 바로 많은 이들을 예수님께로 인도한 불후의 명작 「벤허」 라는 소설입니다.

성경을 읽자

성경을 펴기 전에 성경의 저자이신 하나님께 기도하십시오. 지금 이 시간 나에게 주시는 하나님의 말씀을 깨닫게 해 주십시오. 나의 생각이나 뜻이 아니라 하나님의 뜻대로 말씀을 읽고, 그대로 순종할 수 있게 도와주십시오. 성령께서 온전히 나를 인도해 주십시오. 이렇게 기도할 때 시편 기자가 기록한 것같이 "주의 말씀은 내발에 등불이며, 내 길의 빛입니다." (시119:105)라고 고백하게 될 것입니다.

바로 지금! 당신도 성경을 통해 일하시는 하나님의 기적을 체험할 수 있습니다. 위에 소개된 믿음의 사람들과 기적적인 사건들은 단순히 지나간 과거의 사건이 아닙니다. 성경은 우리의 삶을 변화시키는 메시지를 담은 책입니다. 우리의 삶을 새롭게 하는 능력을 지닌 좋은 소식이 바로 성경입니다. 그리고 성경은 미래의 방향을 제시해 주며 진리 되신 예수님에게로 인도합니다. 성경을 통해 인생이 역전되는 멋진 삶을 살아보지 않으시렵니까?

1. 비신자자들에게 성경은 왜 황당한 책인가?

2. 성경은 왜 권위가 있는 책인가?

3. 성경의 내용은 무엇인가?

4. 성경의 능력은 무엇인가?

2

What Is the Earthly Church?

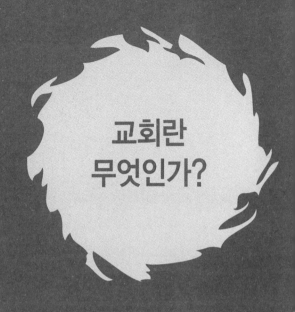

교회란
무엇인가?

교회의 기원

교회의 본질은 무엇인가?

교회의 특성은 무엇인가?

교회의 기능은 무엇인가?

나의 사랑, 나의 고민인 교회

성도들은 교회를 사랑해야 합니다

교회의 기원

예수께서 십자가에 못 박혀 돌아가신 후 예수님을 따르던 무리들이 다 흩어졌습니다. 그렇게 흩어졌던 자들이 부활하신 예수님의 영광스러운 모습을 보고난 후 계속적인 모임을 갖기 시작했습니다. 부활하신 예수님을 만난 제자들의 놀라움과 감격은 주관적인 상상이나 신념이 아닌 생생한 체험에서 우러나온 것이었습니다. 이러한 체험으로 인한 감격과 감복은 그들로 하여금 죽음을 각오하고서라도 모임을 지속하도록 하였으며, 이러한 모임을 기초로 하여 교회가 형성되었습니다.

교회의 본질은 무엇인가?

첫째, 교회는 예수님께서 직접 세우셨습니다.

세상 속에서 예수님께 부름을 받은 사람들의 모임이 바로 교회입니다. 루터는 교회를 하나님의 백성, 그리스도의 몸, 성령의 전이라고 불렀습니다. 칼빈은 교회를 하나님에 의해 선택된 무리라고 불렀으며 웨슬리는 성도의 모임이라고 일컬었습니다.

교회는 성도들의 모임입니다. 교회는 세상 속에 있는 그리스도의 몸입니다. 그리스도는 그의 몸인 교회를 통치하시는 머리입니다. 각각의 성도는 그 몸의 지체이지요. 예수에 대한 믿음으로 충만했던 초대교회는 사랑과 나눔으로 항상 풍성했습니다. 그들은 빈부격차를 극복했습니다. 그들은 교회를 통하여 유토피아를 경험하였습니다. 교회는 천국의 모습을 보여주는 축복의 통로가 되어야한다는 것을 초대교회의 성도들을 보면서 확인할 수 있습니다.

둘째, 교회의 중심은 예수님입니다.

다양한 문화 속에 다양한 배경을 가진 서로 다른 교회들이 존재합니다. 신교와 구교의 예전과 예식이 각각 다르며, 교파마다 예배의 형식이 다릅니다. 목사님마다 신앙의 강조점이 다릅니다. 시대마다 신앙의 스타일이 다릅니다. 성경 본문의 해석도 가지가지입니다. 시대적, 역사적, 문화적 상황에 따라 기독교 신앙이 다양하게 표현될 수 있습니다.

그러나 이러한 교회의 다양성 가운데 통일성이 있습니다. 다양한 교회를 하나의 테두리 안에 묶을 수 있는 것, 그것이 바로 성령입니다. 성령이 다양한 교회를 하나 되게 하십니다. 하나님도 하나요, 교회도 하나요, 성령도 하나입니다. 성령 안에서 예수 그리스도를 증거하는 교회는 다양하게 흩어져 있는 듯 보이지만 결국은 하나입니다.

성령은 예수 그리스도를 증거하는 영이십니다. 성부 하나님은 성자 예수님을 통해 자신의 사랑을 인류에게 보이셨습니다. 구약의 모든 율법, 역사 그리고 예언의 말씀은 예수 그리스도를 대망하고 있습니다. 신약은 인류를 죄에서 구원하시려고 오신 예수 그리스도와 제자들을 통해 구원 사역을 계속 진행시켜가시는 성령의 역사입니다. 따라서 성경의 중심, 성경 해석의 중심, 기독교의 중심 모두가 오직 한 분 예수 그리스도입니다.

성도들이 교회에 다니게 된 사연, 교회를 다니는 이유는 다양하다고 볼 수 있습니다. 자신의 죄를 회개하고 구원받기 위해 다니는 사람, 가정의 평안과 화목을 바라며 다니는 사람, 병을 치유하기 위해 다니는 사람, 사업의 번창이나 직장에서의 성공을 기원하러 다니는 사람 등 교회를 섬기는 이유는 성도들의 개성과 경험과 믿음에 따라 천차만별일 것입니다.

이 모든 이유 중 우리가 가장 중요하게 여겨야 하는 것은 바로 "나를 위하여 돌아가신 예수 그리스도의 대속적인 죽음"을 인정하고 회개하는 것입니다. 즉 예수님의 구속사역이 치유사역, 마귀를 내   는 축귀사역, 행함과 봉사, 성령의 예언사역 보다 앞서야 한다는 것입니다. 예수가 교회의 중심에 서지 못하고 부수적인 것들이 교회의 중심을 차지할 때 교회는 균형을 잃고 흔들리기 쉽습니다.

예수 그리스도의 사역 즉, 우리의 죄를 위하여 십자가에서 돌아가신 죽음과 부활! 이것이 교회의 중심이며, 교회의 통일성이고, 성경 해석의 원리입니다.

이 원리가 깨어진 교회나 단체를 조심하십시오. 어떤 이단의 교주는 예수님의 영광을 가로채어 자신이 재림 예수라고 주장합니다. 만약 어느 목회자가 신유나 예언이나 축귀사역을 통해 예수가 아닌 자신의 능력을 과시하고 물질을 강조한다면 그는 다분히 위험성이 있는 사역자입니다. 만일 예수 그리스도를 믿는 것과 행함을 조화시키지 않고 지나치게 봉사를 강조하여 신도들로 하여금 가정생활에 소홀하도록 한다면 그것은 문제가 있는 교회입니다.

교회의 특성은 무엇인가?

첫째, 교회는 거룩합니다.

교회는 세상 안에 있기 때문에 세속적인 면이 있습니다. 온전하고 완전무결한 사람들이 교회에 다니는 것이 아니라 날마다 죄를 짓는 사람들이 교회에 다닙니다. 어쩌면 교회에 다니면서도 세상 사람들보다 더 많은 죄를 짓는 사람들도 있습니다. 이런 사람들 때문에 교회가 세상 사람들로부터 비난의 대상이 되기도 합니다. 과연 이런 교회를 거룩하다고 할 수 있을까요?

교회가 거룩한 것은 교회를 다니는 성도들이 세상적인 윤리에 비추어 보아 고상하고 거룩하기 때문이 아닙니다. 교회가 거룩한 것은 하나님이 거룩하게 여겨주시기 때문입니다. 본래 거룩은 '구별되다'라는 뜻입니다. 하나님은 세상과 구별되는 거룩하신 분이십니다. 거룩하신 하나님이 세상의 많은 사람들 중에 우리를 부르셨습니다. 하나님이 우리를 부르신 것은 우리가 원래 거룩하기 때문이 아니라 단지 그 분이 우리를 사랑하시기 때문입니다.

성도는 거룩하신 하나님께서 구별하여 선택하신 백성입니다. 교회의 거룩함은 성도들의 윤리적인 노력에 의해 완성되지 않습니다. 그것은 성도를 부르시어 예수를 믿게 하시고 거룩하다고 여겨주시는 하나님의 은총에 달려있습니다. 그러므로 교회는 죄인들의 모임임과 동시에 용서받은 거룩한 성도들의 모임입니다.

종종 신문의 지면을 메우는 교회와 목회자의 윤리적 타락과 그로 인한 사회적 문제는 우리를 당황케 합니다. 입에 담기조차 어려운 비윤리적 사건들은 세상 사람들의 공격 대상이 되고 있습니다. 키에르케고르는 교회가 고난당하는 예수는 잊어버리고 영광의 예수만 찬미하는 등 본연의 모습을 잃어버리고 있다며 비판했습니다. 그는 개인의 이익과 권력을 위해 교인을 모으려는 성직자들의 이기주의, 교회의 권위는 교인 숫자에 비례한다고 생각하는 비뚤어진 사고방식을 기독교의 세속화라고 지적했습니다.

사실 이러한 교회의 세속화와 종교 지도자들의 타락은 어제오늘의 일이 아닙니다. 예수님이 살았던 당시의 종교 지도자들도 자신들의 이권을 위해 죄 없는 예수님을 처형하였던 것입니다. 그들이 그처럼 잔혹한 행동을 한 이유는 예수님이 당시의 종교지도자인 제사장들과 바리새인들의 위선을 혹독하게 비판하셨기 때문입니다.

하나님이 맡겨주신 성도들을 보호하고 책임져야 할 자들이 오히려 죽이고 흩어버리는 것을 예수님은 결코 허용하지 않으셨던 것입니다. 그렇다면 예수님이 승천하신 이후의 세상은 얼마나 달라졌을까요? 예수님이 오신 지 이천년이 지났지만 아직도 교회의 타락과 세속화는 현재 진행 중입니다. 이처럼 교회가 스스로의 빛과 소금의 역할을 잘 담당하지 못하고 있는 상황은 참으로 슬픈 현실입니다. 하지만 과도하게 실망할 필요는 없습니다. 아직도 성도들의 가정과 영혼을 위해 눈물로 기도하며 헌신하는, 진실하고 정직한 성직자들이 남아 있기 때문입니다.

말도 많고 탈도 많은 교회, 하지만 교회가 아니라면 우리는 어디에서 복음을 전해 듣고, 어디에서 예배를 드리며, 어디에서 성도들 간의 화목을 다질 수 있을까요? 교회란 우리 성도들에게 있어서 영혼의 길잡이와 같은 존재입니다. 따라서 우리는 이처럼 중요한 교회에 대해 바르게 이해할 필요가 있습니다.

둘째, 교회는 사도적인 사명을 갖습니다.

사도는 예수님의 제자들로서 부활하신 예수님을 직접 만났던 사람들입니다. 예수님은 그들에게 땅 끝까지 이르러 예수의 복음을 증거하며 모든 족속을 예수의 제자로 삼으라고 명령하셨습니다. 이제 세월이 흘러 사도들은 사망하여 이 세상에 없지만 예수님께서 명령하신 사도들의 사명은 여전히 남아 있습니다. 이런 점에서 사도적인 계승은 교회를 통하여 이어지고 있다는 것을 알 수 있습니다. 교회의 모든 성도들은 성서의 증언에 대한 믿음을 가지고 예수의 복음을 땅 끝까지 전해야 합니다. 그것이 예수께서 마지막 우리에게 남기신 '사도적인 사명'입니다.

교회의 기능은 무엇인가?

첫째, 교회의 구성원인 성도들은 예배를 드립니다.

구약시대에는 동물을 잡아 하나님께 제사를 드렸습니다. 그러나 이제는 구약시대와 같은 동물제사를 드릴 필요가 없습니다. 왜냐하면 예수 그리스도께서 그 자신을 어린양으로 희생하여 산제물이 되셨기 때문입니다. 또한 예수는 영원한 대제사장이 되셨습니다. 그러므로 성도는 예수 그리스도를 믿음으로서 하나님께 거룩한 제사를 드릴 수 있습니다. 우리는 감사와 감격의 예배를 드려야 합니다. 우리의 시간과 물질과 몸과 마음을 드려서 하나님께 예배를 드려야 합니다. 내 모든 것을 온전히 바치는 것이 바로 영적인 예배이며 거룩한 제사입니다.

교회의 구성원인 성도들은 예배를 통해 하나님께 직접 나아갑니다. 기독교에서는 하나님과 인간 사이에 예수 그리스도 외에는 어떠한 중재자도 필요로 하지 않습니다. 예수께서 십자가 사건을 통해 직접 희생 제물이 되어 우리와 하나님 사이를 화목하게 하셨기 때문입니다.

이제 모든 성도들은 예수 그리스도를 통해서 하나님께 직접 나아가 회개할 수 있습니다. 가톨릭이 주장하는 성모 마리아도, 교황도, 어떤 성자도 필요하지 않습니다. 오직 예수 그리스도만이 하나님께로 가는 유일한 통로입니다.

둘째, 교회의 구성원인 성도들은 복음을 전파해야 합니다.

교회는 "너희는 가서 모든 족속을 제자로 삼아라. 아버지와 아들과 성령의 이름으로 세례를 주어라."(마 28:19)라는 예수님의 지상명령에 순종해야 합니다. 교회의 모든 성도들에게는 선교와 전도의 임무가 있습니다. 수시로 예수 그리스도의 복음을 전파해야 합니다.

셋째, 교회는 세례와 성만찬을 수행해야 합니다.

종교개혁 당시 가톨릭교회는 일곱 가지의 성례전을 집행하였습니다. 세례성사(세례식), 견진성사(교인입교식), 성체성사(성만찬), 고해성사, 병자성사, 신품성사(성직임명식), 혼인성사(결혼식), 종부성사(임종식)가 바로 그것입니다. 교회의 권위를 내세웠던 가톨릭교회는 성경에 나와 있는 것 이외의 다양한 형식과 절차를 중시하였습니다. 그러나 종교개혁자들은 세례와 성만찬만을 성경적인 것으로 받아들였고 교회에서 행해지는 성례전을 간소화하였습니다. 따라서 오늘날 교회의 성직자들은 세례와 성만찬이라는 두 가지의 성례전만을 집행하고 있습니다.

넷째, 교회는 봉사해야 합니다.

봉사의 본래적 뜻은 식사 할 때 시중드는 것을 의미합니다. 교회 안에서 성도들은 서로가 서로를 섬겨야 합니다. 예수님께서 먼저 섬김의 모범을 보여주셨습니다. 예수님은 제자들의 발을 씻겨주셨습니다. 뿐만 아니라 그는 온 인류를 위해 고난을 받으셨고 십자가에서 죽음을 당하셨습니다. 예수님을 따르는 우리도 예수님처럼 섬기는 삶을 살아야 합니다.

나의 사랑, 나의 고민인 교회

교회는 이 땅에 존재하는 천국의 모형입니다. 따라서 교회가 자신의 본질을 잃어버린다면 큰 문제가 아닐 수 없습니다. 하나님보다 세상을 더 사랑하게 되는 것! 이것이 바로 교회의 타락입니다. 타락한 교회는 빛의 역할을 다하지 못합니다. 소금의 맛을 잃어버리게 됩니다. 그러면 결국 세상 사람들은 교회의 타락한 모습을 보고 실망합니다. 교회의 나락해버린 모습 때문에 하나님의 존재를 부정하기까지 합니다.

그러나 우리는 여러 교회의 타락을 보면서 교회의 본질까지도 부정하는 오류를 범하지 말아야 합니다. 종교개혁자 루터에 의하면 성도는 의인이면서 동시에 죄인이고, 죄인이면서 동시에 의인입니다. 성도는 하나님이 그를 세상으로부터 구별하여 거룩하게 여겨주셨기 때문에 거룩한 것입니다. 성도는 예수 그리스도를 믿음으로써 의롭다 함을 얻는 것입니다. 결국 지상에 존재하는 교회는 한계가 있습니다. 우리는 교회가 타락한 세상 속에 있음을 인식해야 합니다. 또한 성도들도 여전히 인간의 죄성을 갖고 있음을 알아야 합니다.

그러나 예수 그리스도를 닮아가려는 끊임없는 노력을 통해 우리는 교회의 세속화를 막을 수 있습니다. 그 때에야 비로소 세상 사람들이 교회를 칭찬하게 되고 전도의 문이 열릴 것입니다.

현실 교회가 타락하는 이유는 영적인 문제로 보아야 합니다. 마귀가 교회의 타락을 유도하고 있습니다. 그 이유는 마귀가 예수의 복음이 전파되는 것을 싫어하기 때문입니다. 마귀는 사람들이 예수 그리스도를 믿지 못하도록 음흉한 일들을 교회 안에서 일으킵니다. 교회의 문제점을 보고 아예 예수의 복음 자체를 거부하도록 만듭니다.

구원의 역사를 방해하기 위해서 마귀는 때때로 목회자를 타락시켜 자신의 도구로 사용하기도 합니다. 아니면 자신의 사람을 목회자로 만들기도 합니다.

"이런 사람들은 거짓 사도들이며, 속이는 일꾼들이며, 그리스도의 사도들인 것처럼 가장하는 사람들입니다. 이런 것에 대해 놀랄 것은 없습니다. 그것은 사탄도 자신을 빛의 천사로 가장하기 때문입니다. 그러므로 사탄의 일꾼들이 의의 일꾼으로 가장한다고 해서 크게 놀랄 것은 없습니다. 그들의 운명은 자기들이 행한 일에 따라 결정될 것입니다." (고후 11:13-15)

종교지도자들 사이에도 영적인 전쟁이 있습니다. 교회 안에 성령의 일꾼과 사단의 일꾼이 있다는 것입니다. 사단은 교회를 무너뜨리고 예수의 복음을 막기 위해서 수단과 방법을 가리지 않습니다. 교회에서 재산싸움과 명분싸움을 불러일으킵니다. 목회자와 성도들 사이의 몸싸움이 벌어지기도 합니다. 서로 주먹질하고 피를 흘리기도 합니다.

사단이 이토록 복음을 훼방하는 것을 뒤집어 생각해보면 결국 예수의 복음이야말로 신실한 진리이기 때문이 아니겠습니까? 소수의 교회와 성직자들의 세속화와 타락을 가지고 "기독교는 가짜다!", "교회는 소망이 없다!", "예수는 없다!"라고 단정을 지어 말하지 마십시오. 사단의 궤계에 속지 마십시오.

성도들은 세상적인 해결 방법 대신 기도로 나아가야 합니다. 예수의 보혈에 의지하여 먼저 회개해야 합니다. 남을 정죄하고 손가락질 하던 손을 모아서 하나님께 기도해야 합니다. 목회자가 성령 충만할 수 있도록, 하나님 앞에 진실하게 설 수 있도록 눈물로 기도해야 합니다. 또한 마귀를 대적할 수 있는 성령의 능력을 소유해야 합니다. 그럴 때 승리는 우리의 것이 될 수 있습니다.

성도들은 교회를 사랑해야 합니다.

눈에 보이지 않는 하나님을 사랑하는 것은 육의 눈으로 볼 수 있는 영적 지도자에 대한 사랑, 성도에 대한 사랑, 교회에 대한 사랑, 나아가 아직 구원받지 못한 세상 사람들에 대한 사랑으로 구체화되어 나타나야 합니다.

어떤 특정한 목회자를 지나치게 존경하여 우상화하는 것은 문제가 있습니다. 하지만 예수 그리스도의 복음을 위해 일생을 바쳐 헌신하는 분들을 하나님이 세우신 지도자로 인정하고 섬기는 것은 꼭 필요합니다.

우리는 교회의 성도들을 사랑해야 합니다. 그 사랑은 예수님이 몸소 보여 주셨던 섬김으로 나타납니다. 약한 지체들을 이해하고 도와야 합니다. 서로를 위해 기도하고 격려해야 합니다. 그것이 바로 세상을 향해 보여줄 수 있는 천국의 모습입니다. 성도들은 서로 섬기는 교회를 통해 천국을 볼 수 있어야 하며, 세상 사람들 역시 교회를 통해 하나님의 나라를 볼 수 있어야 합니다.

또한 우리는 교회를 사랑해야 합니다. 교회를 사랑하는 것은 예배당을 잘 관리하고 봉사하는 것으로도 표현됩니다. 구원 받은 감격과 감사함에서 우러나오는 청소, 설거지, 차량봉사 등은 성도의 기쁨입니다. 작은 일이라고 가볍게 여기지 마십시오. 그 모든 것이 하나님을 향한 사랑의 표현입니다. 이름도 없이 빛도 없이 섬기는 봉사와 헌신을 하나님께서 기뻐하십니다.

마지막으로 예수 믿는 자들은 세상 사람도 사랑해야 합니다. 하나님을 알지 못하는 영혼을 위해 사랑을 가지고 기도해야 합니다. 그들에게 효과적으로 복음을 전하기 위하여 솔선수범하는 자세를 가져야 합니다. 그들이 기뻐할 때 함께 기뻐하고 그들이 슬퍼할 때 함께 슬퍼하면 됩니다. 그리고 그들에게 물질을 투자하십시오. 물질 있는 곳에 마음도 있습니다. 사랑을 표현하십시오. 시간을 투자하십시오. 할 수만 있거든 그들의 외롭고 상한 마음에 직접적인 감동을 주십시오. 그리스도의 감동을 전하십시오. 그들의 필요에 민감하십시오. 말로만 전도하는 시대는 지났습니다. 이제는 말만 하고 실천은 하지 않는 기독교인의 이중적인 모습을 버리십시오. 실천으로, 진실함으로 불신자들에게 다가가는 우리를 통해 예수 그리스도의 복음이 효과적으로 전해질 것입니다.

꼭 기억하십시오. 당신은 예수 그리스도를 담은 그릇이며, 예수 그리스도를 전하는 축복의 통로입니다.

1. 교회의 본질은 무엇인가?

2. 교회의 특성은 무엇인가?

3. 교회의 기능은 무엇인가?

4. 현실교회의 문제점은 무엇인가?

　어떻게 교회의 세속화와 타락을 극복할 수 있는가?

5. 성도들이 교회를 사랑해야 하는 이유는 무엇인가?

부 록: 세상을 어떻게 바꿀 수 있는가?

* 본 원고는 2011년 4월 중에 한동대학교 교수채플에서 설교한 내용입니다. 조금 이해하기가 어려울 수 있습니다. 부록이오니 관심이 있는 분만 읽으시면 되겠습니다.

2011년 한동대에서 기독교 과목들을 가르치면서 한동대의 슬로건인 "Why not change the World?"을 생각해보았습니다.

"왜 세상을 바꿀 수 없는가?" 혹은 "세상을 바꿀 수 있다"는 뜻으로 해석이 되는데, 그렇다면 세상을 어떻게 바꿀 수 있는가의 문제가 주어지는 것 같습니다. 제가 생각하는 답은 바로 전인적인 영성입니다.

전인적인 영성은 하나님, 세상, 인간을 유기적 관계로 보는 영성입니다.

한국에 전해준 미국의 19세기 청교도적인 영성이 근본주의적인 성향이 강한 면이 있습니다. 이러한 근본주의적인 성향은 바로 이원론적인 생각, 아니면 이분법적인 사고를 지향합니다.

그래서 하나님과 세상, 세상과 교회, 하나님과 인간, 이성과 믿음, 선과 악, 영과 육, 자연계시와 특별계시, 세속사와 구원사, 예정과 자유의지 등의 양극적 관계를 서로 조화를 이룰 수 없는 대립적 관계로 이해합니다.

이런 이분법적인 사고로 인해 우리가 사는 세상을 그저 속된 것으로 이해하며 피안의 세계를 동경하는 가운데 세상을 바꿀 수 없는 사회적 부적응아로 기독교인들이 남겨질 가능성이 커집니다.

그리스 철학의 대가 플라톤은 그의 영혼불멸사상으로 인해 기독교 사상과 서양철학에 아주 막대한 영향을 지난 2천 년간 남겼습니다. 그의 사상은 영혼을 인간의 본질로 보고 육은 영혼을 가두는 감옥으로 보는 이원론적 사상의 효시가 되었습니다. 반면 그의 제자 아리스토텔레스는 인간의 영혼의 가치를 중시하지 않고 물질과 육을 인간과 우주의 본질로 보는 일원론적 사상의 효시가 되었습니다.

문제는 어떻게 우리는 이러한 양극단의 사고, 즉 인간의 육을 무시하고 학대하며 영혼만을 영원하고 본질적으로 규정하는 극단적이고 이원론적인 사고와 영혼의 중요성을 간과하고 인간을 육체와 물질로만 이해하려는 극단적인 일원론적 사고를 어떻게 조화시키며 극복할 수 있는가의 문제이기도 합니다.

우리가 잘 알다시피 플라톤의 이원론적인 사상은 어거스틴 그리고 중세 12세기의 안셀름, 그리고 종교개혁 그리고 신비주의와 현대 복음주의에 이르기까지 막대한 영향을 미쳤습니다. 그리고 아리스토텔레스는 토마스 아퀴나스를 비롯한 중세의 스콜라 신학에 커다란 영향을 미치며 현대의 자연주의와 유물론 등 현대 자유주의 신학까지 이르렀다고 봅니다.

과연 이러한 양 극단적인 사고를 지양하고 어떻게 하면 조화를 이룰 수가 있을까 한번 생각해 보겠습니다.

첫째로 그 해답은 자연계시와 특별계시의 대립과 조화를 이루는 것입니다.

자연계시는 우주의 신비하고 오묘한 질서를 통해 하나님의 존재를 증명하려는 시도입니다. 하지만 이원론적인 근본주의적 세계관은 이러한 자연계시의 역할을 부정해 왔습니다. 자연계시는 하나님의 전능하심과 위대하심 등 하나님의 신비를 드러내줍니다. 이것이 자연계시의 역할입니다.

하지만 한계도 있습니다. 바로 자연계시는 하나님의 성품, 즉 하나님의 사랑을 보여주기에는 역부족입니다. 그래서 우리에게 특별계시가 필요합니다. 특별계시는 이스라엘의 역사와 예수 그리스도의 성육신, 그리고 죽음과 부활을 통해 보여 진 하나님의 모습입니다. 특별계시를 통해서 하나님의 사랑을 느낄 수 있습니다. 이런 면에서 특별계시는 자연계시의 완성입니다. 특별계시가 없는 자연계시는 무의미합니다. 또한 자연계시가 없는 특별계시는 성립자체가 불가능합니다. 바로 이것이 자연계시와 특별계시의 조화입니다.

둘째로 이성과 믿음의 대립과 조화를 이루는 것입니다.

기독교인들은 이성을 배타시하는 경향이 있습니다. 아마도 계몽주의시대 이후로 칸트와 헤겔에 의해 인간의 이성이 신격화되었기 때문일 것입니다. 하지만 이것도 오해입니다. 우리가 이성을 세 가지 나눠볼 수 있다고 봅니다. 하나는 본질적인 이성입니다. 하나님께서 인간을 창조하실 때 하나님의 형상대로 창조하셨다고 하는데 바로 그 하나님의 형상 중의 하나가 이성입니다.

아마도 하나님은 가장 이성적인 분이시지 아닐까 생각됩니다. 이성적인 것을 논리성, 합리성, 사실성에 바탕을 둔다면 하나님만큼 이성적인 분은 없을 것입니다. 이런 면에서 하나님은 계산을 가장 잘 하시는 분이십니다.

만나의 비밀이 바로 그것입니다. 광야에 있을 때에는 만나가 내립니다. 하지만 가나안에서 들어가면 만나가 딱 멈춥니다. 광야에 있을 때에 평일에는 일정량의 만나가 내리다가도 안식일 전에는 안식을 위해 두 배로 만나가 내립니다. 평일에 만나를 두 배로 거두어가면 그 다음 날을 위해서 미리 많이 거두어들인 만나는 썩게 됩니다. 하지만 안식일에 만나가 내리지 않기에 전날에 내린 만나를 두 배로 거두어들이면 그 다음 날에는 썩지 않습니다. 정말 하나님은 계산을 잘 하시는 분이십니다.

하나님의 기적과 행위가 얼마나 합리적이고 일관성이 있는지 모릅니다. 기적은 자연적인 법칙에 위배되는 사건입니다. 그런데 하나님은 자연적인 질서를 무너뜨리거나 혼란을 일으키지 않으면서도 순간순간 필요한 곳에 초자연적인 기적을 일으키십니다. 그 기적을 맛본 사람이 다른 사람에게 다시 보여주려고 하면 다시 그 기적은 일어나지 않습니다. 그래서 기적은 증인이 적고 반복이 불가능하다고 합니다. 참 하나님은 이성적인 분이십니다.

그렇다면 우리가 거부하는 이성은 무엇입니까? 그것은 바로 타락한 이성, 포로가 된 이성, 눈먼 이성입니다. 아담과 하와가 선악과를 따먹고 눈이 밝아진 것은 바로 영의 눈이 닫히고 육의 눈만 뜨여진 것을 의미한다고 볼 수 있습니다. 이제 영이신 하나님을 볼 수 없게 된 것입니다. 그러니 타락한 이성으로 시도하는 모든 것은 매우 합리적이고 논리적이지만 결정적으로 하나님의 존재를 배제한다는 것이 커다란 문제입니다. 하나님을 부인하는 가운데 진행되는 그 모든 합리적이고 이성적인 과학과 철학이 헛바퀴가 도는 것은 당연한 것입니다.

반면 예수 그리스도를 통해 우리의 타락한 이성이 회복되었다는 것을 알아야 합니다. 그래서 본질적 이성에서 타락한 이성으로 그리고 다시 회복된 이성을 우리는 말할 수 있습니다. 타락한 이성이 자연주의나 공산주의와 같은 유물론을 통해 하나님을 부인하려고 시도한다면 회복된 이성은 이 세상의 중심에 하나님을 놓고 세상의 모든 현상들을 합리적으로 이해하고 설명하려고 합니다. 창조과학회도 바로 그러한 시도 중의 하나라고 봅니다.

정말 아이러니 한 것은 어떻게 똑같은 과학자들이 진화론과 창조론이라는 두 양극적인 주장을 할 수 있을까 라는 문제입니다. 해답은 바로 타락한 이성과 회복된 이성의 차이입니다.

이런 면에서 회복된 이성은 우리의 믿음과 대립적이지 않습니다. 우리의 이성은 우리가 믿음을 가지는데 필요한 인식의 과정을 책임집니다.

우주의 질서를 보고 하나님의 존재를 인정하는 것은 바로 우리의 이성이 인식하는 것입니다. 인간의 죄의 보편성을 목격하며 자신의 죄성과 구원의 필요성을 느끼는 것도 바로 이성의 역할이라고 할 수 있습니다.

더 나아가 자신이 구원을 받는 과정을 바라보며 관찰하고 분석하는 것도 바로 이성의 기능입니다. 그러니까 우리의 믿음의 신비, 어쩌면 황홀경의 단계조차도 이성의 역할과 도움 없이는 불가능할 수도 있다고 볼 수 있습니다.

결과적으로 우리가 구분해야 할 것은 타락한 이성이냐 아니면 회복된 이성이냐의 차이라고 봅니다. 단순히 이성이 믿음을 거부한다는 이원론적인 생각은 이성적인 하나님께서 우리에게 선물로 주신 이성을 오해하는 것입니다. 그러므로 이성과 믿음은 함께 가는 것이고 조화를 이룰 수 있는 것이라고 생각합니다.

셋째로 세속사와 구원사의 대립과 조화를 이루는 것입니다.

보통 우리는 세속사와 구원의 역사는 별개의 것으로 취급합니다. 마치 구원의 역사는 세속사와 상관없이 진행되는 하나님의 신비한 초자연적 역사로만 생각합니다.

하지만 구원사는 세속사안에서 잉태하여 세속사를 통하여 꽃이 피는 것입니다. 그러니까 세속사는 구원사를 통해 완성되는 것입니다. 구원사 없는 세속사는 아무런 의미가 없는 동물역사로 전락하게 되는 것입니다. 또한 세속사 없는 구원사는 그 실체가 없는 역사요, 아무런 구원의 근거도 내용도 없는 비역사인 것입니다.

하나님은 아브라함이라는 한 족장을 불러서 구원사를 시작하셨습니다. 야곱과 12아들을 통한 이스라엘 민족을 통해 구원사를 전개하셨습니다. 그리고 블레셋과 앗수르 그리고 바벨론과 같은 세속정권을 통해 구원의 완성을 향해 나아가는 이스라엘 민족을 준비시켰습니다.

BC 586년 유대와 예루살렘이 바벨론에 함락된 후에 다수의 유대인들이 바벨론으로 강제이주 한 뒤로 지중해 연안에 유대인들이 흩어지게 되는데, 바로 이것이 예수 그리스도의 복음을 위한 준비단계가 된 것입니다. 초대 그리스도인들이 유대적인 그리스도인들이라면 바로 흩어진 유대인들을 통해 복음이 전 세계로 흩어지는 역사가 벌어진 것입니다.

BC 356-323년에 그리스의 마케도니아 알렉산더 대왕이 페르시아 제국을 제압하고 새로운 대제국을 건설하면서 그리스 문학가 확산되어 언어와 문화가 통일되게 됩니다. 그래서 BC 270년경에 구약의 헬라어 번역 70인 역이 나오면 이를 통해 유대인들과 초대 그리스도인들이 구약을 헬라어로 쉽게 접근하게 된 것입니다. 더 나아가 BC 67년 폼페이가 이끄는 로마군에 의해 팔레스타인이 점령당하는데 로마제국은 영토와 식민지를 통솔하기 위해 길을 잘 닦아서 육로를 통해 왕래를 쉽게 하였습니다. 이것이 바로 복음이 온 세계로 퍼져나가 위한 하나님의 준비요 손길인 것입니다. 그리고 로마의 라틴어가 AD 3세기 이후로 서방세계의 공통어가 되어 중세와 종교개혁시대에 까지 거의 1000년 동안 사용됩니다. 하나님은 라틴어를 통해 기독교의 복음전파와 서방교회의 통일을 가능케 했습니다. 그리고 AD 380 기독교가 로마의 국가교회가 된 이후로 그리스도인들이 안주하며 복음 전파가 이루어지지 않을 때 동방의 훈족(말을 잘 타는 유목민족)을 움직여서 서유럽의 게르만 민족의 대이동을 시킵니다. 그리고 그들을 통해서 AD 476년에 로마제국이 멸망하게 합니다.

기독교 국가 로마제국의 멸망은 서유럽을 게르만족을 통해 복음화 시키고자 하는 하나님의 의도였다고 해석할 수밖에 없습니다. 아직도 AD 476년의 로마제국의 멸망은 아무도 이해할 수 없는 신비에 속합니다. 이는 바로 세속사를 통해 구원사를 이루시는 하나님의 계획이요 신비입니다.

이제 게르만 민족을 통해 유럽의 전영역이 대략 700년 동안 복음화가 이루어지게 됩니다.

지금도 하나님은 세속정권과 세속역사를 통해 구원의 역사를 진행하고 계신 줄 믿습니다. 그러므로 구원사는 세속사를 통해 이루어지고 꽃을 피운다는 것입니다.

넷째로 영과 육의 대립과 조화를 이루는 것입니다.

플라톤적인 사고로는 영은 하나님의 불꽃이고, 불멸적인 존재입니다. 그리고 육은 감옥이며 영을 더럽히는 존재입니다. 이런 면에서 육체의 쾌락을 추구하는 것은 죄요, 불순종입니다.

하지만 아리스토텔레스적인 사고로 보면 영은 아무런 실체가 없는 것이요 단지 물질만이 존재할 뿐입니다. 이런 면에서 보면 영은 보잘 것 없는 것이고, 육은 존귀한 것입니다. 하나는 육을 괴롭히는 지나친 금욕주의로 흐르고, 다른 하나는 육신의 쾌락과 즐거움을 정당화하는 쾌락주의로 흐를 것입니다. 하지만 실제는 영혼과 육의 관계는 상호적 보완관계입니다.

영혼은 하나님의 섬광이요 불꽃으로 볼 수 있지만, 육은 그 영혼을 담는 그릇으로 보아야 할 것입니다. 그래서 지나친 금욕주의는 오히려 하나님이 주신 육신을 학대하는 불순종에 속하는 것입니다. 그래서 어느 정도의 경지에 이른 수도사들이 초보 수도사들에게 조언하는 말이 있습니다.

"너무 자신의 육신을 괴롭히지 말라."입니다.

또한 지나친 쾌락주의도 육신을 우상화하는 불신앙입니다. 그러므로 우리의 영혼과 육신 모두를 존귀하게 여기데, 우선순위의 문제로, 즉 영혼을 먼저 생각하고 그 다음에 육신을 고려하는 것입니다. 이는 금식과 같은 것으로 육신을 학대하지 말라는 것입니다. 육신적인 즐거움이나 세상적인 즐거움이 적절하게 보장되어야 한다는 것입니다. 지나친 금욕은 하나님보다 앞서가는 것입니다. 그리고 지나친 쾌락주의는 중독으로 마귀의 노예가 된 상태입니다. 우리는 지나친 금욕도 아니요 그렇다고 쾌락에 중독되어 조절능력을 상실한 것도 아닌 때와 상황에 맞게 적절한 육신적인 욕구를 채워주면서 무엇보다 우리의 영혼이 하나님과의 관계를 잘 맺도록 노력하는 것이 필요한 것입니다.

다섯째로 선과 악의 대립과 조화를 이루는 것입니다.

우리는 선은 하나님의 것이고, 악은 마귀의 것이라고 생각합니다. 하지만 이러한 이원론의 문제는 하나님이 악에 대한 주권을 상실하게 된다는 것이 문제가 됩니다. 그래서 악의 기원에 대하여 우리는 하나님의 주권, 인간의 자유의지, 마귀의 침범 등 3가지 가운데 그 어느 곳에다 둘 수 없게 됨을 발견하게 됩니다.

악의 기원을 하나님에게 두게 되면 하나님의 전능하심은 보장되지만 하나님의 의로우심이나 사랑이 타격을 입게 됩니다. 그러면서 하나님이 마치 폭군처럼 여겨집니다. 악의 기원을 인간의 자유의지에 두게 되면 하나님의 성품인 사랑은 보장되지만 자칫하면 하나님의 전지하심이나 주권에 손상을 입힐 수 있습니다. 더 나아가 악의 기원을 마귀에게 두게 되면 하나님의 주권이 두 동강나게 됩니다.

우리는 악의 기원을 알 수 없습니다. 오직 하나님만이 알고 계십니다. 악의 기원은 그래서 하나님의 신비 아니면 비밀에 속합니다. 그러나 악은 선과 뗄 수 없는 관계입니다. 어쩌면 아퀴나스가 말한 것처럼 악은 선의 시녀일 수도 있습니다. 분명한 것은 하나님은 모든 것이 협력해서 선을 이루시는 분이시라는 것입니다.

선을 연단하고 정화시키는 것은 악을 통해서입니다. 바로 선이 선되게 하는 것이 악이라는 것입니다. 선을 심판하고 선으로 하여금 훈련받게 하는 것을 하나님께서 악을 통해서 하실 때가 많습니다. 대표적인 예가 블레셋입니다. 그리고 악을 심판하는 것도 악을 통해서 하십니다. 악이 너무 악하거나 오랜 시간 악한 일로 악을 너무 많이 쌓으면 또 다른 악을 통해 그 악을 심판하십니다. 아니 때론 선을 통해 악을 심판하십니다.

선과 악은 뗄 수 없는 실타래와도 같습니다. 악을 악하다고 선이 악을 완전히 제거하게 되면 선이 악으로 바뀝니다. 그러나 선이 악과의 일정한 간격을 유지하지 못하고 끌려가면 악에게 흡수됩니다. 그러므로 선과 악의 관계는 일정한 거리를 유지하면서 흡수되지도 않고 그렇다고 악을 완전히 없애버려 홀로 남지 않는 것입니다. 그러므로 선과 악의 관계는 긴장과 갈등관계 속에서 역사의 주관자이신 하나님의 심판을 인내하며 기다리는 것입니다. 악을 악하다고 함부로 인간적인 의지로 심판할 수 없는 것입니다. 왜냐하면 악을 악하다고 심판하실 분은 바로 하나님 한분이시기 때문입니다. 그러므로 선으로 악을 이기라는 말씀을 새겨야 할 것입니다.

여섯째로 하나님과 인간의 대립과 조화를 이루는 것입니다.

보통 모든 종교는 하나님만을 강조합니다. 그리고 인간의 존엄성이 상실됩니다. 반대로 모든 세속적인 철학과 과학은 하나님의 존재를 무시하고 인간의 존엄성만을 노래합니다. 이제 이러한 양 극단의 문제를 해결해야 합니다. 기독교와 같은 종교들은 하나님의 주권만 있지 인간의 자유와 책임이 약화되어있습니다. 그래서 종교인들은 너무나 수동적이며 인간의 책임적인 역할을 무시합니다. 반면에 철학자들과 과학자들 그리고 무신론자들은 하나님의 존재와 다스리심을 거부하고, 오직 인간의 계획과 성취를 통한 역사의 전진, 즉 진보적 역사관만을 가집니다.

둘 다 문제입니다. 우리는 수직과 수평의 만남을 강조하듯 하나님의 주권, 계획 그리고 다스리심을 인정해야 합니다. 하지만 하나님의 계획과 역사는 바로 인간들을 통해서 이루어지기에 훈련되어진 자, 준비되어진 자를 사용하시는 하나님을 알아야 합니다. 아무리 계획을 세운들 하나님의 계획에 등지고 세운다면 아무런 소용이 없습니다. 그리고 아무리 하나님께서 계획을 세우신들 우리가 준비되어지지 않고 우리가 노력하지 않는다면 그 어떠한 하나님의 계획도 이루어질 수 없습니다. 하나님 없는 인간은 고아요, 불행한 운명의 소유자들이고, 인간이 없는 하나님은 또한 아무런 의미가 없는 한가한 조물주에 불과합니다. 결국 인간은 하나님 앞에 의미가 있는 존재라는 것을 우리가 알아야 한다는 것입니다.

마지막으로 예정과 자유의지의 대립과 조화를 이루는 것입니다.

영원한 평행선과도 같고 놀이터의 시소와도 같은 하나님의 주권과 인간의 자유의 관계를 어떻게 이해해야 하는가? 어떻게 하면 이들의 영원한 함수관계를 풀 수 있을까? 만약 예정론자들이 하나님의 주권만을 강조하게 되면 그들은 인간의 자유를 잃어버리게 될 것이고, 만약 자유의지를 옹호하는 자들이 인간의 자유의지만을 강조하게 되면 하나님의 주권을 잃어버리게 될 것입니다. 우리는 하나님의 주권을 포기할 수도 없고 그렇다고 해서 인간의 자유를 포기할 수도 없습니다. 두 가지 선택 중 한쪽으로 기우는 것은 한번 들어가면 영원히 다시 돌아올 수 없는 미궁 속으로 빠져들게 되어있습니다.

예정은 영원 전부터 하나님이 계획하신 일입니다. 하지만 자유의지는 인간이 자신의 현실적인 상황 속에서 적용하는 것입니다. 그러기에 예정은 하나님께 속한 것이고, 자유의지는 인간에게 속한 것입니다. 또한 예정은 하나님의 영원이라는 차원에 속한 것이고, 자유의지는 인간의 현재적 시간에 속한 것입니다. 그러므로 자유와 예정은 서로 모순되지 않습니다. 하나님의 예정은 영원 속에 숨겨진 비밀이기에 현실의 단면 속에 살아가는 인간들은 그 비밀을 전혀 알 수 없습니다. 그러므로 하나님의 예정은 영원히 감춰진 비밀문서입니다.

더 나아가 계획과 계획대로 진행하는 것은 항상 별개의 것입니다. 하나님은 인류의 미래를 자신의 의지대로 계획하셨지만 인간과의 인격적인 관계를 통해서 자신의 계획을 완성해 나가십니다. 그렇기 때문에 지금 우리가 처한 현재가 중요합니다. 지금 우리의 의지적인 선택이 우리의 운명을 좌우하게 됩니다.

결론적으로 성과 속, 그리고 교회와 세상은 서로 분리되어 있지 않습니다.

성도의 거룩함과 하나님의 영광은 세속적인 세상과 인간의 역사를 통해 드러나야 하는 것입니다. 그리고 세상은 성도들이 하나님의 구원을 경험하는 그리고 구원 얻을 성도들을 만나고 수확하는 일터요, 실험장소입니다. 그러기 위해서는 우리는 세상을 회피하는 피안의 종교가 아니라 세상을 알고 그 세상 속에서 하나님의 계획이 우리들을 통하여 이루어지고 그래서 세상이 한순간이라도 하나님의 나라로 변화될 수 있는 기회를 만들어야 합니다.

바라기는 예수를 믿게 된 여러분들이 전인적인 영성으로 세상을 품고 세상을 변화시키며 그 속에서 하나님의 영광과 기적을 체험하시게 되길 기원합니다.

주의 말씀은 내 발에 등이요 내 길에 빛이니이다 (시편 119:105)

Your word is a lamp to my feet and a light for my path.